Rumikokaraamat 2023

Kuidas valmistada maitsvaid roogasid ja jooke rummi lisamisega

Andrus Puusepp

RESUMÉ

GOSLING MARTINI Appelsincider 13
DRUEPIZZA 14
HÆKKEN 15
GRAVEMASKIN 16
STOR HVID 17
DEN GRØNNE ABE 18
GRØN PAPEGØJE 19
GUAYAVITA 20
HAPPY ENDING GILLIGAN 21
HÅRD HAT 22
HAVANA OG BANAN FIZZ 23
HAVANA LANDBIL 24
SPECIAL HAVANA 25
HAWAIIISK MALING 26
HAWAIIISK HULA 27
HAWAIIISK NAT 28
HAWAIIANSKE HAVESKO 29
HEMINGWAY DAIQUIRI 30
HELLIG KO BANAN 31
VARMT SMØR ROM 32
VARM ROM PUNCH OG CIDER 33
HOT DADDY VOODOO 34
TID TIL BANDET 35
HUMMER 36
Orkanen ANDREW 37

isbryder	38
I ROSER	39
ligegyldig dame	40
DET ER ALDRIG INTERNATIONALT	41
ISLA STOR ISTE	42
Øens solnedgang	43
WOOD ISLAND	44
ITALIENSK COLADA	45
JADE	46
JAMAICA SNØ	47
JAMAICA FERIE	48
JAMAICAN SHAKE	49
JAMAICA SOLNEDGANG	50
WAKE UP CALL TIL JAMAICA	51
Jaloux elsker	52
JONESTOWN COOL-AID	53
JUMBLE ØL	54
DANS OG KYS MIG	55
DANS BANAN-NANA	56
JINGLE FLAMME	57
KAHLUA COLADA	58
EN DRØM OM MASTER-FILER	59
KEY WEST SANG	60
DRÆB 'COLA	61
KILLER COLADA	62
RITA ASSASSIN.	63
KINGSTON KAFFE	64

Kingston Cosmos 65
KINGSTON SOUR 66
COCO-COLA 67
KON-TIKI 68
VELKOMMEN 69
Hr. HAMILTON 70
LATTER 71
LYS OG STORME 72
FRISK CITRON 73
LIME LUAU 74
LIMÓN MARENGSTÆRTE SHOT DRIK 75
ET BILLEDE AF KÆRLIGHED 76
KÆRLIGHEDENS STOK 77
GLAD FOND 78
MALIBU ACOMPÁÑAME 79
MALIBU EFTER TAN 80
MALIBU BANANKO 81
MALIBU BANAN-SPLITTE BÆR 82
MALIBU BANAN MANGO BREEZE 83
MALIBU BANAN FØRST 84
MALIBU SPLIT BANAN 85
MALIBU BANAN TROPIC-TINI 86
BANAN MALIBU ZINGER 87
MALIBU BEACH 88
MALIBU BLÅ LAGUNE 89
MALIBU CARIBIEN 90
MALIBU COCO COLADA MARTINI 91

MALIBU COCO-COSMO 92
MALIBU COCO-LIBRE 93
MALIBU KOKOSCREME 94
MALIBU KOKOSKØLER 95
MALIBU SOMMER UDEN SLUT 96
MALIBU FRANSK FODBOLD 97
MALIBU VIRGIN ISLAND 98
MALIBU MANGO BAY BREEZE 99
MALIBU MANGO KAMIKAZE 100
MALIBU MANGO-LIME MARTINI 101
MALIBU MANGO ALDRIG DETTE 102
MALIBU MARGARITA 103
MALIBU MEGA-NUT 104
MALIBU MEXICANSK MOR 105
MIDNAT MALIBU BIRK 106
MALIBU NOCHE LIBRE 107
MALIBU BEACH 108
MALIBU ORANGE COLADA 109
MALIBU ORANGE PASSION 110
FRUGTERNE AF MALIBUS PASSION FOR RUMMET 111
MALIBU PASSION FRUIT SAKE-TINI 112
MALIBU PASSION POPPER 113
MALIBU PASSION TE 114
KOSMOPOLITISK ANANAS MALIBU 115
MALIBU ANANASKUGLE 116
MALIBU ANANAS 117
MALIBU ANANAPLETINI 118

MALIBU ROMBALL 119
MALIBU SOL 120
MALIBU SOMMERREGN 121
MALIBU Tan 122
MALIBU SØD GIFT 123
MALIBU TEQUILA BANAN 124
MALIBU TROPISK BANAN SEX-A-PEEL 125
MALIBU TROPISK BIRK 126
MALIBU TROPISK BLAST 127
MALIBU TROPISK OASIS 128
MALIBU TROPISK SANGRIA 129
MALIBU TROPISK SYRE 130
MALIBU TROPISK SOLNEDGANG 131
MALIBU VANILJE BANAN-TINI 132
MALIBU DREAM VANILJE 133
MOR WANA 134
KONGEN AF MAMBO 135
MÆNDÆSEREN 136
MANGO BAJITO 137
MANGO (ELLER GUAVA) DAIQUIRI 138
EN FROSSEN MANGO DRØM 139
MANGO MADRAS 140
MANGO ALDRIG DETTE 141
MANGO MAMBO 142
MANGO SPILDER 143
MARTY MOJO 144
MARIA PICKFORD 145

MIAMI SPECIAL 146
MILLIONÆR 147
MILLIONÆREN OG HANS KONE 148
GAL MISSION 149
MO BAIA MARTINI 150
MOJITO (267 MANGO SIGNATUR) 151
MOJITO (æblepære) 152
MOJITO (BI) 153
MOJITO (GULD BERMUDA) 154
MOJITO (stort æble) 155
MOJITO (LIME BRINLEY) 156
MOJITO (KOKONSROM) 157
MOJITO (AGURK) 158
MOJITO (INGGER) 159
MOJITO (STOR MELON) 160
MOJITO (CITRONROM) 161
MOJITO (LAV CAL BACARDI) 162
MOJITO (MANGO MALIBU) 163
MOJITO (MALIBU PASSION FRUIT) 164
MOJITO (millionær) 165
MOJITO (MALIBU NOCHE BLANCA) 166
MOJITO (O) 167
MOJITO (ORIGINAL BACARDI) 168
MOJITO (RED PEACH ROM) 169
MOJITO (SONNY'S) 170
MOJITO (krydret) 171
MOJITO (TRADITIONEL / CUBANSK) 172

MOJITO (WATER CLUB) 173
MOJITO (vilde bær) 174
MOJITO (VINTER) 175
MOJITO MARTINI 176
MOR'S SANGRIYA 177
SÆRLIG ABE 178
NØGLE abe 179
MARGARET AF MONTAGUE 180
YDERLIGERE I MÅNEDEN 181
MORGAN BALL 182
JOLLY ROGER AF MORGANO 183
RØD MORGAN RUST 184
ROM EROBLET AF ALEXANDER MORGAN 185
DEN MORGANISKE KVINDE 186
GAY DEL MONTE GRINDER 187
HR. SLIKKE 188
MTB OG ingefær 189
SCREZZO Dæmpet 190
MYERS ÆBLESAUS 191
Myers' hedebølge 192
MYERS HONNING GRYDE 193
MYERS CITRONDÅBER 194
LIZARD I MYERS LOUNGE 195
ROM OG VARMT TROPISK POOP 196
FLASKE ROM OF MYERS 197
VELKOMMEN MYERS ROM 198
MYERS' ROM FERIEGROG 199

MYERS' ROM HOLDAY NOG	200
RUM MYERS GARDEN PUNCH	201
MYERS' ROM SHARKBITE	202
SUN COCKTAIL MYERS RUM	203
MYERS SIZZER	204
PUNCH BANCO DI MIRTO	205
GROG MARINO	206
NEON	207
NEWFOUNDLAND NATHUSKET	208
NILLA COLA	209
NINETINI	210
NUFF RUM	211
NYOTA (SWAHILI STJERNE)	212
GAMLE BERMUDA	213
"PERFEKT" COCKTAIL	214
ORANGE SKÅL	215
COLADA ORANGE	216
ORIGINAL PIÑA COLADA	217
GULD OG SODA	218
GULD Cosmo	219

GOSLING MARTINI
Appelsincider

3 oz Rum Gosling's Gold Bermuda

1 tsk. en blanding af sukker og kanel

orange kile

3 oz varm cider, kold

¼ ounce appelsinjuice

¼ oz Cointreau

Orange twist til pynt

Tilsæt sukker og kanel på en tallerken. Gnid en appelsinskive over kanten af et martiniglas og dyp i kanelsukker. Ryst de resterende ingredienser over is og hæld i et martiniglas med kant. Pynt med en appelsinskal.

DRUEPIZZA

1¼ oz Rom Bacardi Light

druesaft til at fylde

en lime- eller citronskive

Hæld Bacardi bleg rom i et højt glas med is. Fyld med druesaft og tilsæt et skvæt lime eller citron.

HÆKKEN

1 oz. Bacardi lys rom

¼ oz Hiram Walker myntecreme

1/2 ounce fløde

Bland med knust is.

GRAVEMASKIN

½ oz Stroh 80 rom

½ ounce Malibu rom

½ oz Midori

3 ounces ananasjuice

Server med is i et højt glas.

STOR HVID

1 oz. Hvalfangerens fine hvide rom

1 oz. blåbærjuice

4 oz. Appelsinjuice

citronskive til pynt

Hæld ingredienserne i et cocktailglas med is. Pynt med en citronskive.

DEN GRØNNE ABE

1 ½ oz. Malibu Tropical Banana Rom

¾ del melonlikør

1 ½ oz. frisk sur

1 ½ oz. ananassaft

Ryst med is. Server med is.

GRØN PAPEGØJE

1 ½ oz. Rum Appleton Estate V/X

4 oz. Appelsinjuice

1 oz. Blå Curacao

appelsin skive til pynt

Hæld ingredienserne en ad gangen i ovenstående rækkefølge i et glas med stor stilk over is. Rør ikke. Pynt med en appelsinskive.

GUAYAVITA

1 ½ oz. Rum Flor de Caña Grand 7 års reserve

1 oz. guava pulp

2 oz syreblanding

Ryst og server med is.

HAPPY ENDING GILLIGAN

1 oz. Malibu kokos rom

1 oz. Malibu Mango Rom

1 oz. Malibu Tropical Banana Rom

½ ounce tranebærjuice

½ ounce ananasjuice

kirsebær til pynt

Ryst med is og server med is. Pynt med et kirsebær.

HÅRD HAT

1¼ oz Bacardi Silver Rom

1¼ ounce frisk limejuice

1 tsk. sukker

¼ ounce rose grenadine

club sodavand at fylde

    Ryst de første tre ingredienser med is og sigt til en 10 oz. glas Fyld med club sodavand.

HAVANA OG BANAN FIZZ

2 oz lys rom

2½ ounce ananasjuice

1 ½ oz. frisk limesaft

Linje 3-5 Peychaud bitters

1/3 banan, skåret i skiver

bitter citronsodavand til fyld

    Bland de første fem ingredienser. Fyld med bitter citronsodavand.

HAVANA LANDBIL

1 ½ oz. Puerto Rico Golden Rom

¾ ounce citronsaft

¾ triple ounce sek

    Bland med 3-4 isterninger.

SPECIAL HAVANA

2 oz hvid rom

1 spiseskefuld. maraschino kirsebærlikør

½ spsk. sukker

1 oz. citron- eller limesaft

Ryst og server med is.

HAWAIIISK MALING

1 ½ oz. Bacardi lys rom

1 oz. ananassaft

¼ ounce citron- eller limesaft

¼ ounce grenadine

club sodavand ovenpå

Hæld de første fire ingredienser i et glas og top med club soda.

HAWAIIISK HULA

1½ del Malibu Tropical Banana Rum

¾ del guava nektar

¾ del frisk sur blanding

orange proptrækker til pynt

Ryst og si over i et martini glas. Pynt med en orange proptrækker.

HAWAIIISK NAT

1 oz. Bacardi lys rom

¼ oz Hiram Walker Brandy med kirsebærsmag

ananasjuice til påfyldning

    Hæld Bacardi Light Rum i et højt glas halvt fyldt med is. Fyld med ananasjuice og top med brandy med kirsebærsmag.

HAWAIIANSKE HAVESKO

1 ½ oz. Pyrat XO Rom Reserve

½ ounce citruslikør

1 ½ oz. frisk sød og sur

½ ounce simpel sirup

½ skive skrællet ananas

ingefær øl

kvist mynte til pynt

krystalliseret ingefær til pynt

Pisk de første fem ingredienser sammen. Fyld med ingefærøl, og hæld derefter i et glas med is. Pynt med en kvist frisk mynte og kandiseret ingefær.
118

HEMINGWAY DAIQUIRI

1 ½ oz. 10 dåser rom

½ ounce Luxardo Maraschino Kirsebærlikør

1 oz. friskpresset grapefrugtjuice

½ ounce friskpresset limejuice

½ ounce simpel sirup

kalkhjul til pynt

sorte kirsebær til dekoration

    Bland alle ingredienser i et røreglas. Tilsæt is og ryst kraftigt. Si over i et meget afkølet cocktailglas. Pynt med et limehjul og et sort kirsebær på et spyd.

HELLIG KO BANAN

1 oz. Roman Shango

1 oz. banancreme

1 ½ oz. fløde

en knivspids grenadine

bananskive til pynt

revet muskatnød til pynt

Ryst med knust is og sigt over i et glas. Læg en bananskive ovenpå og drys let med muskatnød.

VARMT SMØR ROM

1 oz. Rom Whaler's Vanille, pr. portion

1 kop sukker

1 kop brun farin

1 kop smør

2 kopper vaniljeis

¾ kop kogende vand, pr. portion

revet muskatnød til pynt

    Bland sukker og smør i en 2 liters gryde. Kog ved lav varme under omrøring, indtil smørret smelter. Kombiner den kogte blanding med isen i en stor skål og pisk ved medium hastighed, indtil den er glat. Stil på køl i op til 2 uger eller frys i op til en måned. For hver servering, fyld ¼ kop af blandingen og tilsæt 1 oz. Hvalvaniljerom og ¾ kop kogende vand. Drys med muskatnød.

VARM ROM PUNCH OG CIDER

1 flaske (750 ml) Don Q let rom

1/2 gallon æblecider

nelliker til pynt

citronskiver til pynt

kanelstænger til pynt

Hæld Don Q Light Rum i en skål og tilsæt den opvarmede æblecider. Ryste. Pynt med citronskiver og nelliker. Tilføj en kanelstang til hver kop for ekstra smag. Han tjener 12.

HOT DADDY VOODOO

1 oz. VooDoo krydret rom

½ ounce karamel brandy

5 ounces varm chokolade

flødeskum på toppen

    Bland de første tre ingredienser i en kop og pynt med flødeskum.

TID TIL BANDET

1 ½ oz. Admiral Nelsons førsteklasses krydrede rom

4 oz. Appelsinjuice

drys med grenadine

Server med is.

HUMMER

1 oz. Admiral Nelsons førsteklasses krydrede rom

1 oz. Lolita kaffe

2 kugler vaniljeis

Bland med knust is og server i et dekorativt glas.

Orkanen ANDREW

1 oz. Cockspur Five Star farvet rom

1 oz. Cockspur hvid rom

1 oz. orgeatsirup

1 oz. passionsfrugtjuice

3 ounce appelsinjuice

1/2 ounce limesaft

maraschino kirsebær til pynt

appelsin skive til pynt

Ryst godt med is og sigt over i et afkølet highball-glas. Pynt med maraschinokirsebær, en appelsinskive og en paraply.

isbryder

½ oz Myers Original Dark Rom

¼ ounce noa creme

¼ ounce cognac

¼ ounce gin

2 ounce citronsaft

1 oz. Appelsinjuice

    Ryste.

I ROSER

1¼ oz Myers Original Cream Rom

1 oz. Coco Lopez ægte kokoscreme

1 tsk. Grenadine

Bland med is.

ligegyldig dame

¾ oz Captain Morgan Original Spiced Rom.

¾ ounce limesaft

1 tsk. simpel sirup

3 oz club sodavand

    Hæld rom, juice og sirup over is i et highball-glas. Ryste. Tilsæt bagepulver og bland forsigtigt.

DET ER ALDRIG INTERNATIONALT

½ ounce Malibu rom

½ oz Myers Original Dark Rom

½ ounce rom

1 tsk. orgeatsirup

2 ounces ananasjuice

2 oz sød og sur blanding

Bland med is. Server i et højt glas.

ISLA STOR ISTE

1 ½ oz. Puerto Ricansk mørk rom

3 ounces ananasjuice

3 ounce usødet brygget iste

citron- eller limebåde til pynt

Hæld i et højt glas med is. Pynt med en citron- eller limebåd.

Øens solnedgang

1 oz. Whaler's Rare Stock Rom

1 oz. Hvalfangerens fine hvide rom

1 spiseskefuld. passionsfrugtsirup

2 tsk limesaft

en knivspids grenadine

limebåd til pynt

Ryst og hæld i et afkølet highball-glas med is. Pynt med en limebåd.

WOOD ISLAND

1 ½ oz. VooDoo krydret rom

1 ½ oz. Rød rom

2 ounce guava juice

2 ounce mangojuice

½ ounce frisk limesaft

½ ounce frisk citronsaft

Rør med is og server i et højt glas.

ITALIENSK COLADA

1 ½ oz. Puerto Ricansk hvid rom

¾ ounce sød fløde

¼ oz Coco Lopez ægte kokoscreme

2 ounces ananasjuice

¼ ounce Amaretto

Bland med 1 spsk knust is.

JADE

1 ½ oz. Puerto Ricansk hvid rom

¾ ounce limesaft

1 spiseskefuld. sukker

tredobbelt streg sek

mild pebermyntecreme

Ryste. Server med is.

JAMAICA SNØ

1¼ ounce rom

½ oz blå Curacao

2 oz Coco Lopez ægte kokoscreme

2 ounces ananasjuice

Blend med 2 kopper is.

JAMAICA FERIE

11/3 oz. Rum Appleton Estate V / X Jamaica

½ fersken (skrællet eller dåse)

Saft af ½ lime

1 tsk. sukker

ferskenskive til pynt

Bland med 1 spsk knust is. Server i et cocktailglas. Pynt med en ferskenskive.

JAMAICAN SHAKE

1 skud Myers Original Dark Rum

1/2 kop blendet whisky

2 ounce mælk eller fløde

Bland med is.

JAMAICA SOLNEDGANG

2 oz Rom Wray & barnebarn

2 ounce tranebærjuice

3 ounces friskpresset appelsinjuice

Ryst alle ingredienser med is og sigt over i et Collins glas fyldt med is.

WAKE UP CALL TIL JAMAICA

1 ½ oz. Rum Appleton Estate V / X Jamaica

varm sort kaffe til toppen

flødeskum på toppen

Hæld Appleton Estate V/X Jamaica Rum i et kaffekrus. Hæld kaffe på og pynt med flødeskum.

Jaloux elsker

2 oz afrikansk stjernerom

3 store jordbær

½ ounce frisk limesaft

½ ounce ananasjuice

¾ ounce simpel sirup

Knus jordbærene. Ryst med is og sigt over i et martini glas.

JONESTOWN COOL-AID

2 oz rød rom

½ ounce ananasjuice

½ ounce tranebærjuice

Ryst med is. Server som cocktail eller shot.

JUMBLE ØL

1 oz. Coconut Cruzan Rom

1 oz. Cruzan ananas rom

3 ounce appelsinjuice

læsket kalk

Bland de første tre ingredienser og tilsæt et skvæt lime. Hæld i et højt glas med is. Dekoreret med en eksotisk blomst.

DANS OG KYS MIG

1/2 ounce Wynde Sea Rum

½ ounce Galliano likør

½ oz Marie Brizard Apry Abrikoslikør

streg dr. Swami & Bone Daddys gourmet-bittersøde blanding

Appelsinjuice

ananassaft

Ryst de første fem ingredienser med is og sigt over i et Collinsglas. Top med appelsinjuice og ananasjuice.

DANS BANAN-NANA

1/3 kop Cruzan bananrom

1 med. Banan

1 lime, presset

1 spiseskefuld. honning eller meget fint pulveriseret sukker

1 tsk. Vanille ekstrakt

ananas skive til pynt

kirsebær til pynt

Blend med 2 kopper knust is indtil glat. Hæld i et stilket glas og pynt med en ananasskive og et kirsebær.

JINGLE FLAMME

2 oz afrikansk stjernerom

friske citronskiver

¼ ounce simpel sirup

drik med limesmag

Knus en citron og kom i en blender med is, Starr afrikansk rom og sirup. Hæld i et highball glas. Top med citron lime sodavand.

KAHLUA COLADA

½ ounce rom

1 oz. Coco Lopez ægte kokoscreme

2 ounces ananasjuice

1 oz. Kahlua

Blend med 1 kop is.

EN DRØM OM MASTER-FILER

1 ½ oz. lys rom

¾ ounce rose limejuice

2 kugler vaniljeis

    Bland med is.

KEY WEST SANG

1¼ oz Captain Morgan Original Spiced Rom.

1 oz. kokoscreme

2 ounce appelsinjuice

    Blend indtil glat med 1 kop is og hæld i et glas.

DRÆB 'COLA

2 oz Whaler's Killer Coconut Rom

Sov 1/2 oz

4 oz. Cola

kirsebær til pynt

Hæld i et cocktailglas med is og pynt med et kirsebær.

KILLER COLADA

3 oz Whaler's Killer Coconut Rom

3 spsk. kokosmælk

3 spsk. skåret ananas

ananas skive til pynt

2 kirsebær til pynt

    Blend ved høj hastighed med 2 kopper knust is. Hæld i et afkølet orkanglas og pynt med en ananas- og kirsebærskive.

RITA ASSASSIN.

2 oz Whaler's Killer Coconut Rom

1 oz. tredobbelt sek

1 oz. ananassaft

1/2 ounce kokosmælk

stiger til kanten af glasset

maraschino kirsebær til pynt

Pynt et margaritaglas med salt. Rør og hæld i et margaritaglas med is. Pynt med maraschinokirsebær.

KINGSTON KAFFE

4 oz. friskbrygget kaffe

1 oz. Myers rom

ske flødeskum

drys med bittersød chokoladepulver

kanelstang til pynt

Hæld de to første ingredienser i en kaffekop eller et krus. Top med flødeskum og dryp med mørk chokoladefrosting. Pynt med en kanelstang.

Kingston Cosmos

2oz Appleton Estate V / X Jamaica Rum

½ oz Cointreau

dryp med tranebærjuice

læsket kalk

Hæld de to første ingredienser i et glas. Top med tranebærjuice og et skvæt lime.

KINGSTON SOUR

1 ½ oz. Rom Wray og barnebarn

en skive frisk pære (og en mere til pynt)

½ ounce æblejuice

1/2 ounce abrikos brandy

en knivspids sur blanding

1/8 oz. cassis creme

Knus de første tre ingredienser, og ryst derefter kraftigt med alle andre ingredienser over is. Hæld i et glas fyldt med is. Pynt med en pæreskive.

COCO-COLA

1 ½ oz. Coconut Cruzan Rom

2 ounce sodavand

pres limen

Blend med is og server over is.

KON-TIKI

1 ½ oz. Rom Seven Tiki

2 ounce mango nektar

2 ounce tranebærjuice

hul absint

Hæld i et highball glas med is. Ryste.

VELKOMMEN

3 oz Malibu rom

3 ounces ananasjuice

1 oz. mælk eller vaniljeis

Bland med is.

Hr. HAMILTON

1 ½ oz. Pusser rom

1 tsk. frisk limesaft

Lige dele:

    passionsfrugtjuice

    Appelsinjuice

    ingefær øl

LATTER

1 ½ oz. Rom Cockspur gammelt guld

1 oz. Limesaft

1 tsk. sukker

3-4 mynteblade

club sodavand ovenpå

Kom limesaft, mynte og sukker i et Collins- eller Highball-glas. Rør forsigtigt for at bryde mynten op. Fyld glasset ¾ op med is. Tilsæt Cockspur Old Gold rom. Kom sodavand ovenpå. Bland godt.

LYS OG STORME

2 oz 10 spanskrørsrom

3-4 oz ingefærøl

½ ounce friskpresset limejuice

limebåd til pynt

kandiseret ingefær til pynt

Fyld et highball glas fuld af is. Bland alle ingredienserne og bland. Pynt med limebåde og kandiseret ingefær.

FRISK CITRON

2 oz Brinley Gold Lime Rom.

3 ounce club sodavand (eller citron lime sodavand, hvis du kan lide det sødere)

1 limebåd

Hæld de to første ingredienser i et glas. Pres og pynt med en limebåd.

LIME LUAU

1 oz. Whale Big Island Banan Rum

2 ounce vodka

drys med limesaft

dryp med appelsinsirup

Rør med is og server i et cocktailglas.

LIMÓN MARENGSTÆRTE SHOT DRIK

2 oz Bacardi Limon rom

1 oz. Disaronno Original amaretto

glasursukker

tilberedt flødeskum (gerne dåse)

Få nogen til at drysse pulveriseret sukker på din tunge, og nip derefter Bacardi Limón tilsat Disaronno amaretto, men sluk ikke. Få nogen til at hælde flødeskum i din mund, og svir derefter og syng et lille stykke kage.

ET BILLEDE AF KÆRLIGHED

1 oz. Rom

½ ounce bananlikør

½ oz tredobbelt sek

1 oz. Appelsinjuice

1 oz. ananassaft

appelsin skive til pynt

ananasskive til pynt

bananskive til pynt

Pynt med skiver af appelsin, ananas og banan.

KÆRLIGHEDENS STOK

2 oz Cockspur Femstjernet farvet rom

1 oz. Cockspur hvid rom

½ oz tredobbelt sek

1 oz. ananassaft

1 oz. Appelsinjuice

1 oz. Limesaft

¾ ounce frugtsirup

Ryst godt med is. Hæld i et højt glas.

GLAD FOND

¾ oz Rom Bacardi Light

¼ oz Hiram Walker anis

¼ oz Hiram Walker hvid kakaocreme

¾ ounce fløde

MALIBU ACOMPÁÑAME

2 dele Malibu kokos rom

Del 1 Hiram Walker Triple Sec

drys med frisk limesaft

MALIBU EFTER TAN

1 del Malibu Coconut Rom

1 del hvid kakaocreme

2 kugler vaniljeis

Bland med is og server i et specielt glas.

MALIBU BANANKO

1½ del fløde

1 del Malibu Tropical Banana Rom

1 del Malibu Coconut Rom

en knivspids grenadine

revet muskatnød til drys

bananskiver til pynt

Ryst og si over i et cocktailglas. Drys med muskatnød og pynt med bananskiver.

MALIBU BANAN-SPLITTE BÆR

1 del Malibu Tropical Banana Rom

1 del Stoli Razberi vodka

citronsaft

simpel sirup

Ryst med is og server i et lille glas.

MALIBU BANAN MANGO BREEZE

1 del Malibu Tropical Banana Rom

1 del Malibu mango rom

1 del frisk sur blanding

1 del tranebærjuice

MALIBU BANAN FØRST

1 del Malibu Tropical Banana Rom

Del 1 Kahlúa

drys med pebermyntesnaps

MALIBU SPLIT BANAN

1 del Malibu Tropical Banana Rom

et skvæt amaretto

et skvæt kakaocreme

flødeskum til pynt

kirsebær til pynt

Pynt med flødeskum og et kirsebær.

MALIBU BANAN TROPIC-TINI

1½ del Malibu Tropical Banana Rum

½ del ferskenbrændevin

en skefuld mangopuré

drys med passionsfrugtnektar

kirsebær til pynt

Ryst og server som martini. Pynt med et kirsebær.

BANAN MALIBU ZINGER

2 oz Malibu Tropical Banana Rom

2 skeer citronsorbet

2 oz syreblanding

citronskive til pynt

Blend i en blender med 2 kopper is. Pynt med en citronskive. Laver 2 drinks.

MALIBU BEACH

1 ½ oz. Malibu rom

1 oz. Vodka Smirnoff

4 oz. Appelsinjuice

Server med is.

MALIBU BLÅ LAGUNE

1 del Malibu Coconut Rom

4 dele ananasjuice

¾ blå del af curacao

MALIBU CARIBIEN

3 dele Malibu kokos rom

1 del Martel cognac

½ del ananas

½ del frisk citronsaft

citronskive til pynt

Server med is. Pynt med en citronskive.

MALIBU COCO COLADA MARTINI

3 dele Malibu kokos rom

Del 1 Hiram Walker Triple Sec

½ del ægte Coco Lopez kokoscreme

½ del frisk limesaft

limebåd til pynt

Server i et martini glas. Pynt med en limebåd.

MALIBU COCO-COSMO

2 dele Malibu kokos rom

tredobbelt sprøjt sek

drys med granatæblejuice

dryp med tranebærjuice

drys med limesaft

et twist lime til pynt

Ryst med is og sigt over i et martini glas. Pynt med limebåde.

MALIBU COCO-LIBRE

1 del Malibu Coconut Rom

3 dele cola

limebåd til pynt

Server med is i et højt glas. Pynt med en limebåd.

MALIBU KOKOSCREME

2 dele Malibu kokos rom

1 skefuld vanilje frossen yoghurt

appelsinjuice til påfyldning

Hæld de to første ingredienser i et glas og hæld appelsinjuicen over. Ryste. Server som flyder. Den kan også blendes i en blender og serveres som cocktail.

MALIBU KOKOSKØLER

2 dele Malibu kokos rom

2 dele citron og lime sodavand

1 del limesaft

Server med is i et højt glas.

MALIBU SOMMER UDEN SLUT

2 dele Malibu Tropical Banana Rum

1 skive citron

1 limebåd

bananskiver til pynt

Mos citroner og limefrugter. Tilføj rom til en Malibu Tropical banan. Ryst og si over i et martini glas. Pynt med bananskiver.

MALIBU FRANSK FODBOLD

1 del Malibu Passion Fruit Rom

drys med Martell cognac

drys med citronsaft

dryp med simpel sirup

MALIBU VIRGIN ISLAND

2 dele Malibu kokos rom

½ del ferskenlikør

½ del amaretto

MALIBU MANGO BAY BREEZE

2 dele Malibu Mango rom

1½ del tranebærjuice

1½ del ananasjuice

MALIBU MANGO KAMIKAZE

1 del Malibu mango rom

1 del Stoli citrus vodka

½ af den tredobbelte del sek

¾ frisk limesaft

MALIBU MANGO-LIME MARTINI

1½ del Malibu mango rom

1½ del Stoli Vanil vodka

1 del limesaft

1 del simpel sirup

MALIBU MANGO ALDRIG DETTE

2 dele Malibu Mango rom

1 del appelsinjuice

1 del ananasjuice

drys med limesaft

dryp med simpel sirup

¼ ounce mørk rom

Hæld de første fem ingredienser i et glas og hæld forsigtigt den mørke rom i.

MALIBU MARGARITA

1¼ del Malibu kokosrom

1 del Tezon tequila

½ del blå curacao

½ del frisk limesaft

1½ del sødet citronsaft

Ryst indholdet i et iskoldt røreglas og sigt over i et specielt iskoldt glas. Pynt med en limebåd.

MALIBU MEGA-NUT

2 dele Malibu kokos rom

hasselnøddelikør

drik med limesmag

revet kokos til pynt

Hæld de første to ingredienser i et højt glas med is og tilsæt citron- og limesodavand. Pynt med kokosflager.

MALIBU MEXICANSK MOR

1 del Malibu Coconut Rom

½ del Kahlúa kaffelikør

½ del hvid myntecreme

1½ del fløde

Ryst med is og sigt over i et glas med knust is. Pynt med 2 mynteblade.

MIDNAT MALIBU BIRK

1 del Malibu Coconut Rom

½ del Malibu Tropical Banana Rom

1 del blå curacao

ananasjuice til påfyldning

Byg med is. Den kan efterlades svingende eller lagdelt.

MALIBU NOCHE LIBRE

1 del Malibu Coconut Rom

3 dele cola

drys med limesaft

limebåd til pynt

Server i et Collins glas. Pynt med en limebåd.

MALIBU BEACH

1 oz. Malibu rom

½ ounce Baileys Irish Cream

Server som et skud.

MALIBU ORANGE COLADA

1 ½ oz. Malibu rom

1 oz. tredobbelt sek

4 oz. Coco Lopez ægte kokoscreme

MALIBU ORANGE PASSION

1 del Malibu Passion Fruit Rom

1 del Stoli vodka

2 dele appelsinjuice

FRUGTERNE AF MALIBUS PASSION FOR RUMMET

1 del Malibu Passion Fruit Rom

1 del Stoli Vanil vodka

1 del tranebærjuice drysset med tonic vand

MALIBU PASSION FRUIT SAKE-TINI

1 del Malibu Passion Fruit Rom

1 del Stoli vodka

½ del sake

drys med passionsfrugtpuré

MALIBU PASSION POPPER

1 del Malibu Passion Fruit Rom

cola stænk

drys med kirsebærjuice

Ryst med is og sigt over i et lille glas.

MALIBU PASSION TE

1 del Malibu Passion Fruit Rom

2 dele iste

1 del citron lime sodavand

limebåd til pynt

Server med is i et højt glas. Pynt med en limebåd.

KOSMOPOLITISK ANANAS MALIBU

1½ del Malibu ananas rom

¾ del Hiram Walker triple sek

¾ frisk limesaft

¾ del tranebærjuice

limebåd til pynt

Ryst i et iskoldt røreglas og sigt over i et meget koldt cocktailglas. Pynt med en limebåd.

MALIBU ANANASKUGLE

2 dele Malibu ananas rom

dryp med tranebærjuice

sprøjtet syreblanding

MALIBU ANANAS

2 dele Malibu ananas rom

2 dele ananasjuice

syreblanding til at fylde

ananas skive til pynt

Hæld de to første ingredienser i et højt glas og fyld med den søde og sure blanding. Pynt med en skive ananas.

MALIBU ANANAPLETINI

2 dele Malibu ananas rom

½ af den tredobbelte del sek

drys med limesaft

drys med appelsinjuice

appelsin skive til pynt

Ryst med is og sigt over i et martini glas. Pynt med en appelsinskive.

MALIBU ROMBALL

2 dele Malibu kokos rom

2 dele melonlikør eller melonpuré

MALIBU SOL

3 dele Malibu kokos rom

½ del amaretto

½ del ananas

½ del frisk citronsaft

Server med is i et stenglas.

MALIBU SOMMERREGN

1 del Malibu Coconut Rom

1 del Stoli vodka

1 del frisk limesaft

2 dele sodavand

limebåd til pynt

Server over is i et højt glas og pynt med en limebåd.

MALIBU Tan

1 ½ oz. Malibu rom

5 oz iste

citronsaft

    Server med is.

MALIBU SØD GIFT

1 del Malibu mango rom

drys med limesaft

dryp med tranebærjuice

stænk Bacardi 151 rom

MALIBU TEQUILA BANAN

1 del Malibu Tropical Banana Rom

1 del Tezón Reposado Tequila

drys med limesaft

MALIBU TROPISK BANAN SEX-A-PEEL

1 del Malibu Tropical Banana Rom

½ del Frangelico

1/2 del Irish cream

kirsebær til pynt

Ryst og server med is. Pynt med et kirsebær.

MALIBU TROPISK BIRK

1 del Malibu Coconut Rom

1 del tranebærjuice

2 dele ananasjuice

ananas skive til pynt

Server i et højt glas og pynt med en ananasbåd.

MALIBU TROPISK BLAST

2 dele Malibu kokos rom

2 dele ananasjuice

1 del granatæblejuice

Server med is i et højt glas.

MALIBU TROPISK OASIS

2 dele Malibu kokos rom

1 del amaretto

2 dele vanilje frossen yoghurt

1 del appelsinjuice

1 del ananasjuice

en knivspids honning

Blend og server som en frossen cocktail.

MALIBU TROPISK SANGRIA

2 dele Malibu Tropical Banana Rum

2 dele rødvin

Del 1 7UP

1 del appelsinjuice

frisk frugt til pynt

kirsebær til pynt

Pynt med frisk frugt og kirsebær.

MALIBU TROPISK SYRE

1¼ del Malibu Tropical Banana Rum

¾ af et Hiram Walker Sour Apple

¾ del frisk sur blanding

orange proptrækker til pynt

Ryst og si over i et martini glas. Pynt med en orange proptrækker.

MALIBU TROPISK SOLNEDGANG

1½ del Malibu Tropical Banana Rum

1 del appelsinjuice

1 del citron lime sodavand

kirsebær til pynt

Pynt med et kirsebær.

MALIBU VANILJE BANAN-TINI

1½ del Malibu Tropical Banana Rum

2½ dele Stoli Vanil vodka

et skvæt amaretto

Orange twist til pynt

Pynt med appelsinskiver.

MALIBU DREAM VANILJE

1 del Malibu Coconut Rom

½ del Stoli Vanil vodka

½ del ananasjuice

MOR WANA

1 oz. Rom med orange cruzana

1 oz. Cruzan Banan Rom

Hæld lidt grov is i glasset.

KONGEN AF MAMBO

1 oz. Rom Tommy Bahama hvidt sand

1 oz. kokos rom

½ oz Tommy Bahama Golden Sun Rum

½ ounce bananlikør

3 ounces ananasjuice

ananasspyd til pynt

Ryst i et pilsnerglas med is. Pynt med ananaspigge.

MÆNDÆSEREN

1 oz. Hvalfangerens fine hvide rom

4 oz. Cola

½ ounce grenadine

kirsebær til pynt

Hæld i et cocktailglas med is. Pynt med et kirsebær.

MANGO BAJITO

1 oz. Kaptajn Morgan er smagt til med rom

½ oz tredobbelt sek

3 ounces mangojuice

drys med champagne

Bland godt med knust is. Server i et cocktail- eller milkshakeglas.

MANGO (ELLER GUAVA) DAIQUIRI

1 ½ oz. En tønde rom

½ ounce friskpresset limejuice

¼ ounce simpel sirup

¾ ounce mango-nektar (eller guava-nektar)

1 tsk. sukker

limebåd til pynt

Ryst med is og sigt over i et meget afkølet martini-glas. Pynt med en limebåd.

EN FROSSEN MANGO DRØM

1¼ oz Captain Morgan Parrot Bay Mango Rom

½ ounce Amaretto

½ oz tredobbelt sek

2 ounce appelsinjuice

1 skefuld vaniljeis

orange cirkel til pynt

Blend indtil glat med 1 kop is og hæld i et glas. Pynt med et appelsinhjul.

MANGO MADRAS

1 ½ oz. Parrot Bay Mango Rom

2 ounce tranebærjuice

2 ounce appelsinjuice

appelsin skive til pynt

Hæld i et glas med is og rør rundt. Pynt med en appelsinskive.

MANGO ALDRIG DETTE

1¼ oz. Kaptajn Morgan Parrot Bay Mango Rom

1 ½ oz. kamille blanding

1 ½ oz. ananassaft

¼ ounce orgeatsirup

¼ ounce grenadine

ananasskive til pynt

kirsebær med stilk til pynt

Ryst med is og hæld i et glas. Pynt med en skive ananas og en kirsebærstængel.

MANGO MAMBO

1 ½ oz. Hiram Walker Mango Snaps

1 ½ oz. Malibu Tropical Banana Rom

Ryst med is. Server direkte i et meget afkølet martiniglas.

MANGO SPILDER

¾ ounce tønde rom

¾ ounce mango-nektar

2 oz Champagne Moët Nectar

Rør med is og si til en afkølet champagneflute.

MARTY MOJO

Del 1 af autentisk Marti-rom

1 del ananasjuice

1 del tranebærjuice

kvist mynte til pynt

ananas til pynt

Ryst godt og server i et martiniglas. Pynt med en frisk myntekvist og ananas.

MARIA PICKFORD

1 ½ oz. Puerto Ricansk hvid rom

1 ½ oz. ananassaft

drys med grenadine

Ryst med 1 skefuld knust is.

MIAMI SPECIAL

1 oz. Bacardi lys rom

¼ oz Hiram Walker hvid myntecreme

¾ ounce citronsaft eller roselimejuice

Ryst og hæld i et meget afkølet martiniglas.

MILLIONÆR

¾ oz Captain Morgan Original Spiced Rom.

1/2 ounce bananflødelikør

2 ounce appelsinjuice

1 oz. syreblanding

½ ounce fingersirup

½ ounce grenadine

Blend de første fem ingredienser med 1 kop knust is, indtil du får en spritz. Tilsæt grenadinen og bland let.

MILLIONÆREN OG HANS KONE

1 oz. Malibu Mango Rom

1 oz. Alize Red Passion likør

Champagne

citronskal til pynt

Ryst de første to ingredienser med is og sigt over i et martini-glas. Hæld champagne på toppen og pynt med en citronskal.

GAL MISSION

2 oz Whale Vanilla Rum

¾ ounce Amaretto

2 ounce passionsfrugtjuice

2 ounce appelsinjuice

limebåd til pynt

kirsebær til pynt

Fyld et orkanglas med is. Hæld ingredienserne i en shaker og bland godt. Hæld over is og pynt med en limebåd og kirsebær.

MO BAIA MARTINI

2oz Appleton Estate V / X Jamaica Rum

¼ ounce ekstra tør vermouth

oliven til pynt

Ryst med is og sigt over i et martini glas. Pynt med oliven.

MOJITO (267 MANGO SIGNATUR)

2½ oz 267 Mango Rom Infusion

4 kviste frisk mynte (plus flere til pynt)

drys med sprudlende vand

limebåd til pynt

Knus fire kviste frisk mynte i bunden af glasset. Tilsæt mangorominfusionen med et stænk sodavand. Pynt med en limebåd og flere myntekviste.

MOJITO (æblepære)

Del 1 Bacardi Limón

Del 1 Bacardi Big Apple

2 mynteblade

2 dele ananasjuice

2 dele sodavand

2 limebåde

1 spiseskefuld. sukker

Bland sukker, mynteblade og lime i et glas og mos godt. Tilsæt Bacardi Limon, Bacardi Big Apple og ananasjuice, og top med sodavand.

MOJITO (BI)

Del 1 Rum Bacardi

3 dele sodavand

12 mynteblade

Saft af ½ lime

1 spiseskefuld. honning

myntekviste eller limecirkel til pynt

Tilsæt mynteblade og knust is til glasset. Mos godt med en morter og støder. Tilsæt limesaft, honning og Bacardi; Rør grundigt. Hæld sodavand på toppen, bland og pynt med myntekviste eller en limebåd.

MOJITO (GULD BERMUDA)

2 oz Rum Gosling's Gold Bermuda

6-8 grønne mynteblade

¼ ounce frisk limesaft

1 tsk. Super fint sukker

1/2 ounce club sodavand

¼ oz Rom Black Seal fra Gosling

Mos limesaft, sukker og mynteblade i et stort årgangsglas (reserver et par stykker til pynt), mos mynten godt. Tilsæt Goslings Gold Bermuda rom og is. Top med sodavand og Gosling Black Seal romflydere. Pynt med de resterende mynteblade.

MOJITO (stort æble)

1 del Bacardi Big Apple rom

3 dele sodavand

12 mynteblade

½ lime

½ del sukker

myntekviste, grønne æbleskiver til pynt

Tilsæt mynteblade, sukker og lime i et glas. Mos godt med en morter og støder. Tilsæt Bacardi Big Apple-rom, top med sodavand, bland godt og pynt med en kvist mynte og en skive grønt æble.

MOJITO (LIME BRINLEY)

2 dele Brinley Gold Lime rom

3 dele sodavand

½ lime

6 mynteblade

1 tsk. sukker

Pres og mos ½ lime. Bland med knust is.

MOJITO (KOKONSROM)

1 del Bacardi Coco rom

3 dele citron og lime sodavand

12 mynteblade

½ lime

kviste af mynte til pynt

Tilsæt mynteblade og lime i glasset og mos godt. Tilsæt rom og sodavand og pynt med myntekviste.

MOJITO (AGURK)

1 ½ oz. 10 dåser rom

1 oz. friskpresset limesaft

1 oz. simpel sirup

8-10 mynteblade

4 stykker skrællet agurk

club sodavand ovenpå

agurkeskive/stang til pynt

Tilsæt simpel sirup, mynteblade og agurk i bunden af et højt glas. Tryk forsigtigt med en støder og morter. Fyld med knust is. Tilsæt 10 spanskrør og limesaft. Bland forsigtigt og hæld sodavand. Pynt med en agurkeskive eller stang.

MOJITO (INGGER)

1 del Bacardi rom

3 dele ingefærøl

12 mynteblade

½ lime

½ del simpelt sukker

Som den originale Bacardi Mojito, men med ingefærøl i stedet for sodavand.

MOJITO (STOR MELON)

1 del Bacardi Grand Melon rom

3 dele sodavand

12 mynteblade

½ lime

½ del sukker

kviste af mynte til pynt

limehjul eller vandmelonskive til pynt

Tilsæt mynteblade, sukker og lime i et glas. Mos godt med en morter og støder. Tilsæt Bacardi Grand Melon rom, top med sodavand, rør godt rundt og pynt med en kvist mynte og en skive lime eller en skive vandmelon.

MOJITO (CITRONROM)

1 del Bacardi Limón rom

3 dele sodavand

12 mynteblade

½ lime

½ del sukker

kviste af mynte til pynt

lime- eller citronhjul til pynt

Tilsæt mynteblade, sukker og lime i et glas. Mos godt med en morter og støder. Tilsæt Bacardi Limón rom, top med sodavand, bland godt og pynt med en kvist mynte og et lime- eller citronhjul.

MOJITO (LAV CAL BACARDI)

1 del Bacardi rom

3 dele sodavand

12 mynteblade

½ lime

3 Splenda-poser

kviste af mynte til pynt

limebåd til pynt

Tilsæt mynteblade, Splenda og lime i et glas. Pisk med en morter og støder. Tilsæt Bacardi og derefter sodavand. Bland godt og pynt med myntekviste og en limebåd.

MOJITO (MANGO MALIBU)

2½ dele Malibu mango rom

½ del frisk limesaft

½ del simpel sirup

3-4 kviste mynte (plus ekstra til pynt)

3 limebåde (plus 1 til pynt)

2-3 dråber sodavand

Hæld limesaft og simpel sirup i et glas. Tilsæt mynte og limeskiver og bland indholdet godt sammen. Tilsæt is, Malibu mango rom og et drys sodavand. Pynt med en limebåd og myntekviste.

MOJITO (MALIBU PASSION FRUIT)

2 dele Malibu Passion Rum

3 spsk. frisk citronsaft

2 spsk. sukker

club sodavand

frisk mynte

MOJITO (millionær)

1 ½ oz. 10 dåser rom

½ ounce simpel sirup

1 oz. friskpresset limesaft

8-10 mynteblade

drys med Moët & Chandon champagne

kvist mynte til pynt

Tilsæt simpel sirup og mynteblade i bunden af et højt glas. Tryk forsigtigt med en støder og morter. Fyld med knust is. Tilsæt 10 spanskrør og limesaft. Rør forsigtigt og top med Moët & Chandon champagne. Pynt med en kvist mynte.

MOJITO (MALIBU NOCHE BLANCA)

3 dele Malibu kokos rom

1 del frisk limesaft

1 del simpel sirup

1 del club sodavand

8 mynteblade

kalkhjul til pynt

Server i et Collins glas. Pynt med et limehjul.

MOJITO (O)

1 del Bacardi eller rom

3 dele sodavand

12 mynteblade

½ lime

½ del sukker

kviste af mynte til pynt

lime eller orange cirkel til pynt

Tilsæt mynteblade, sukker og lime i et glas. Det er godt at banke med en morter og støder. Tilsæt Bacardi ELLER rom, top med sodavand, rør godt rundt og pynt med en kvist mynte og et lime- eller appelsinhjul.

MOJITO (ORIGINAL BACARDI)

1 del Bacardi rom

3 dele sodavand

12 mynteblade

½ lime

½ del sukker

myntekviste eller limecirkel til pynt

Tilsæt mynteblade, sukker og lime i et glas. Det er godt at banke med en morter og støder. Tilsæt Bacardi, top med sodavand, rør godt rundt og pynt med en kvist mynte eller et limehjul.

MOJITO (RED PEACH ROM)

1 del Bacardi Peach Rød rom

3 dele sodavand

12 mynteblade

½ fiskeri

½ del sukker

kviste af mynte til pynt

ferskenskive til pynt

Tilsæt mynteblade, sukker og fersken i et glas. Mos godt med en morter og støder. Tilsæt Bacardi Peach Red rom, top med sodavand, bland godt og pynt med myntekviste og en ferskenskive.

MOJITO (SONNY'S)

½ lime, skåret i tern

2 spsk. sukker

½ oz Chateaux Pebermyntesnaps

1 oz. Bedre Bacardi rom

Is

club sodavand ovenpå

kalkhjul til pynt

Tilføj lime og sukker til bunden af 8 oz. glas Tilsæt grappa, is og Bacardi. Hæld sodavand ovenpå og pynt med et limehjul.

MOJITO (krydret)

1 ½ oz. Flor de Cana 4 år gammel ekstra tør rom

2 vandmeloner, skåret i 1-tommers terninger

1 skive jalapeño

10 friske mynteblade

¾ ounce frisk limesaft

½ ounce simpel sirup

1 ½ oz. club sodavand

vandmelon trekant til dekoration

jalapeno skive til pynt

kvist mynte til pynt

Tilsæt jalapeno-skive og vandmelonterninger i et røreglas. Forveksle med mynte. Tilsæt 4 år gammel Flor de Cana ekstra tør rom, simpel sirup og limesaft. Tilsæt is og ryst. Si over i et highball-glas med frisk is og pynt med sodavand. Tilsæt club sodavand med en barske. Pynt med en vandmelontrekant, en jalapeño-skive og en myntekvist.

MOJITO (TRADITIONEL / CUBANSK)

1 oz. Bacardi lys rom

1 spiseskefuld. sukker

1 spiseskefuld. Limesaft

6 tommer kvist mynte

fyldes med is

3 oz club sodavand

2 dråber Angostura bitters

Tilsæt sukker, limesaft og mynte i et Collins-glas. Knus myntestilken i en morter og smag til med saft og sukker. Tilsæt rom, top glasset med is og top med sodavand og bitter. Bland godt. Hav det godt!

MOJITO (WATER CLUB)

1 ½ oz. Bacardi lys rom

1/2 ounce friskpresset citronsaft

½ ounce friskpresset limejuice

1 oz. Guarapo (sukkerrørsekstrakt)

½ oz blå Curacao

6 mynteblade

splash club drink

frisk mynte til pynt

Ryst godt med is. Server i et Collins glas og pynt med frisk mynte.

MOJITO (vilde bær)

1 ½ oz. Pyrat XO Rom Reserve

2-3 friske brombær, blåbær og hindbær

12-14 friske mynteblade

Saft af 1 lime

1 oz. simpel sirup

drys med sprudlende vand

kvist mynte til pynt

pulveriseret sukker til pynt

Kombiner mynte, simpel sirup, bær og limesaft i en 14 oz. highball glas. Fyld glasset med knust is, og tilsæt derefter Pyrat XO Reserve-rom. Rør godt, indtil isen er reduceret med 1/3, og tilsæt derefter mere knust is, mens du rører, indtil ydersiden af glasset begynder at sætte sig. Drys med sodavand og rør en sidste gang for at kombinere. Pynt med to lange sugerør og en kvist mynte, drysset med flormelis.

MOJITO (VINTER)

1 ½ oz. Ron Anejo Pampero Special Rom

¾ ounce frisk citronsaft

¼ ounce ahornsirup

2 dråber Angostura bitters

6 kviste mynte

Knus 5 kviste mynte og bitter græskar i en shaker. Tilsæt Ron Anejo Pampero Especial rom, lime og ahornsirup. Lad hvile i 1 minut. Ryst kraftigt. Hæld op i et gammeldags dobbeltglas med frisk is. Pynt med den resterende myntekvist. Lavet med varmt vand bliver det til et legetøj.

MOJITO MARTINI

1 ½ oz. Bacardi Limón

1/2 ounce citron vodka

½ lime, skåret i kvarte

8 mynteblade

Fyld et martini glas med knust is for at køle af. Fyld shakeren halvt med knust is. Tilsæt resten af ingredienserne, dæk til og pisk i cirka 1 minut. Fjern isen fra glasset og hæld mojitoen ved.

MOR'S SANGRIYA

8 skiver Red Delicious æble

2 små appelsiner skåret i tynde kvarte

12 jordbær, skåret i skiver

2 citroner, skåret i tynde skiver

12 ounce friskpresset appelsinjuice

12 ounce frisk citronsaft

6 oz simpel sirup

2 kanelstænger

8 oz Pyrat XO Rom Reserve

8 oz cedertræ

2 flasker spansk rødvin

7UP ovenfor

Placer ovenstående ingredienser, undtagen 7UP, i en stor glasbeholder. Dæk til og stil på køl natten over. Når den er klar til servering, hældes den i en kande fyldt med is, 2/3 fuld. Tilsæt hakket frisk frugt og top med 7UP. Rør forsigtigt for at kombinere. Server i vinglas med is.

SÆRLIG ABE

1 oz. mørk rom

1 oz. lys rom

1/2 ounce banan, skrællet

2 ounce vanilje/chokoladeis

chokoladechips til pynt

Drys med chokoladechips.

NØGLE abe

1 ½ oz. Romersk sømand Jerry Spiced Navy

grapefrugtjuice til påfyldning

Hæld Sailor Jerry Spiced Navy Rum over is i et Collins-glas. Fyld med grapefrugtjuice og bland.

MARGARET AF MONTAGUE

1 ½ oz. Rum Appleton Estate V/X

½ oz tredobbelt sek

2 ounce citron- eller limesaft

1 skefuld knust is

Bland det sammen. Server i et højt glas.

YDERLIGERE I MÅNEDEN

1 oz. Admiral Nelson Hindbærrom

1 oz. Admiral Nelson Coconut Rom

1 oz. Vodka

1 oz. Sloe's gin

½ ounce Amaretto

2 ounce appelsinjuice

3 ounces ananasjuice

kirsebær til pynt

citronskal til pynt

Ryst godt og hæld i et højt glas med is. Pynt med kirsebær og citronskaller.

MORGAN BALL

1¼ oz Captain Morgan Original Spiced Rom

3 ounces ananasjuice

hvid creme de menthe til at flyde

Blend de to første ingredienser med is. Flydende hvid creme de menthe. Server i et højt glas.

JOLLY ROGER AF MORGANO

¾ oz Captain Morgan Original Spiced Rom.

¾ ounce kanelsnaps

Server som et skud.

RØD MORGAN RUST

1 oz. Captain Morgan Original Spiced Rom

1/2 ounce brombær brandy

2 ounces ananasjuice

1/2 ounce citronsaft

Ryste.

ROM EROBLET AF ALEXANDER MORGAN

1 oz. Captain Morgan Original Spiced Rom

1/2 ounce kakaocreme

1 oz. tung creme

revet muskatnød til drys

Ryst og sigt i et glas. Drys med muskatnød.

DEN MORGANISKE KVINDE

¾ oz Captain Morgan Original Spiced Rom.

¾ ounce Amaretto

mørk kakaocreme til svømning

Server som et skud.

GAY DEL MONTE GRINDER

1 ½ oz. Rom Monte Gay

tranebærjuice til påfyldning

spray 7UP

Server i et højt glas.

HR. SLIKKE

1 oz. Gosling Rom Black Seal

1 oz. abrikoslikør

ananasjuice til påfyldning

drys med grenadine

Ryst med is og server med is.

MTB OG ingefær

1½ del Malibu Tropical Banana Rum

ingefær øl

citronskive til pynt

Pynt med en citronskive.

SCREZZO Dæmpet

1 oz. Roman Terranova Skrig

¼ ounce Triple Sec eller Grand Marnier

2 ounce fløde eller mælk

Læg Terranova Screech og triple sec eller Grand Marnier over et par isterninger i et glas. Top med fløde eller mælk. Ingen kan høre dig skrige...

MYERS ÆBLESAUS

1 1/2 skud Myers rom

1 skive appelsin

6 ounces gløggcider

Bland i en varmefast kop.

Myers' hedebølge

¾ oz Myers Original Dark Rom

½ oz fersken grappa

6 ounces ananasjuice

1 skvæt grenadine

Hæld de to første ingredienser i et glas med is. Fyld med juice og pynt med grenadine.

MYERS HONNING GRYDE

2 oz Myers rom

1 spiseskefuld. honning

6 oz varmt vand

en knivspids revet muskatnød

I bunden af et varmefast krus blandes honningen og Myers rom sammen, indtil honningen smelter. Fyld med varmt vand. Rør indtil kombineret. Drys med muskatnød. Honning kan erstatte melasse, hvis det ønskes.

MYERS CITRONDÅBER

Jeg skød myers rom

2-3 sukkerterninger

½ citronsaft

6 oz varmt vand

1 kanelstang

Pisk sukker, Myers rom og citronsaft sammen i en varmefast skål, indtil sukkeret er opløst. Tilsæt varmt vand. Rør kanelstangen i, indtil den er godt blandet.

LIZARD I MYERS LOUNGE

1 oz. Myers rom

½ oz Leroux Amaretto

cola fyld

limebåd til pynt

Bland de to første ingredienser i et højt glas med is. Fyld op med cola. Pynt med en limebåd.

ROM OG VARMT TROPISK POOP

16 ounce Myers rom

4 oz. sød og sur varm chokolade

chokoladeovertrukne jordbær til pynt

Hæld i en kop og pynt med mørk chokoladechips. Pynt med chokoladeovertrukne jordbær.

FLASKE ROM OF MYERS

Jeg skød myers rom

8 oz drik med varm colasmag

citronskive til pynt

Rør forsigtigt i et varmefast glas eller krus. Pynt med en citronskive.

VELKOMMEN MYERS ROM

2 oz Myers rom

1 tsk. sukker

6 oz varm te

½ oz tredobbelt sek

en knivspids muskatnød

Kombiner de første fire ingredienser i et varmefast krus. Drys med muskatnød.

MYERS' ROM FERIEGROG

1 oz. Myers rom

4 oz. frisk, varm æblecider

skiver af tynde skiver citroner og appelsiner besat med nelliker til pynt

Hæld i en kop. Pynt med citron- og appelsinbåde.

MYERS' ROM HOLDAY NOG

4 oz. Myers rom

1 liter smeltet fedtfattig vaniljeis

maraschino kirsebær til pynt

kviste af mynte til pynt

Bland i en stor skål og afkøl. Hæld i champagneflutes og pynt hver med et maraschino-kirsebær og en kvist frisk mynte. Serverer fra 6 til 8.

RUM MYERS GARDEN PUNCH

1¼ oz Myers rom

3 ounce appelsinjuice

Juice? citron eller lime

1 tsk. Super fint sukker

en knivspids grenadine

appelsin skive til pynt

maraschino kirsebær til pynt

Ryst eller pisk til det er skummende. Server over knust is i et highball-glas. Pynt med en appelsinskive og et maraschinokirsebær.

MYERS' ROM SHARKBITE

1¼ oz Myers rom

appelsinjuice til påfyldning

drys med Roses grenadine

Hæld Myers rom i et glas over isterninger. Fyld med appelsinjuice og tilsæt et skvæt rosengrenadine.

SUN COCKTAIL MYERS RUM

1¼ oz Myers rom

2 ounce appelsinjuice

2 ounce grapefrugtjuice

½ tsk. Super fint sukker

en sjat Angostura bitter

kirsebær til pynt

Ryst med is til det er skummende og hæld i et glas med knust is. Pynt med et kirsebær.

MYERS SIZZER

Jeg skød myers rom

1 spiseskefuld. kakaopulver

1 spiseskefuld. sukker

1 kop kogt mælk

toppet med sødet flødeskum

drys med instant kaffe eller kakaopulver

Bland kakao og sukker i et varmefast krus. Tilsæt varm mælk og Myers rom. Rør til kakaoen er opløst. Fyld med flødeskum og drys med instant kaffe eller kakao.

PUNCH BANCO DI MIRTO

1¼ oz Captain Morgan Original Spiced Rom.

¼ ounce grenadine

1 oz. Limesaft

1 tsk. sukker

¼ ounce kirsebærlikør

kirsebær til pynt

appelsin skive til pynt

Hæld de første fire ingredienser i en 10 oz. glas over knust is. Top med kirsebærlikør og pynt med en skive kirsebær og appelsin.

GROG MARINO

½ oz Rom Sailor Jerry Spiced Navy

½ ounce vodka

1/2 ounce tequila

½ oz tredobbelt sek

1 oz. Makaroni

1 oz. Appelsinjuice

1 oz. ananassaft

1 oz. blåbærjuice

appelsin skive til pynt

kirsebær til pynt

Ryst med is og hæld i et orkanglas. Pynt med en appelsinskive og et kirsebær.

NEON

5 oz Captain Morgan Parrot Bay Coconut Rom

1 oz. Sort Haus grappa

3 ounces ananasjuice

Server med is.

NEWFOUNDLAND NATHUSKET

1¼ oz Rom Terranova Screech

1-2 tsk brun farin

til kaffepåfyldning

flødeskum på toppen

Hæld de to første ingredienser i et kaffekrus. Fyld med kaffe og rør rundt. Pynt med flødeskum. Tag den med i seng!

NILLA COLA

1 oz. Whaler Vanilla Rum

5 ounces koks

læsket kalk

limebåd til pynt

Hæld i et cocktailglas med is. Pynt med en limebåd.

NINETINI

1 oz. Angostura 1919 Premium rom

1/2 ounce orange curacao

2 oz sød og sur blanding

½ tsk. sukker

4 dråber Angostura aromatiske bitters

Ryste.

NUFF RUM

2 oz Rom Wray & barnebarn

3 ounces rocks ingefærvin

½ ounce Limoncello

½ ounce ferskensirup

3 dråber Angostura bitters

frisk æblejuice til en float

appelsinskal til pynt

citronskal til pynt

Tilsæt et gammeldags glas med isterninger og rør rundt. Pynt med appelsin- og citronskal.

NYOTA (SWAHILI STJERNE)

3 oz afrikansk stjernerom

1 ½ oz. acerola puré

Champagne Llopart Rosa Cava

gule kirsebær til pynt

Ryst de første to ingredienser med is og sigt over i et martini-glas. Med Llopart Rosa Cava eller anden champagne. Pynt med et gult kirsebær.

GAMLE BERMUDA

1 ½ oz. Rum Gosling Gold Bermuda

6 mynteblade

2 dråber bitter

1/2 ounce limesaft

½ ounce simpel sirup

¼ ounce champagne

et twist lime til pynt

Knus myntebladene i en shaker halvt fyldt med is. Tilsæt Goslings rom, bitter, limesaft og simpel sirup. Ryst godt og hæld i et Collins glas. Top med champagne. Pynt med limebåde.

"PERFEKT" COCKTAIL.

1 ½ oz. En tønde rom

½ ounce Gran Marnier

1/2 ounce mango nektar

¼ ounce friskpresset limejuice

mango skive til pynt

Ryst med is og sigt over i et meget afkølet martini-glas. Pynt med en mango skive.

ORANGE SKÅL

1 oz. Bacardi eller rom

4 oz. Appelsinjuice

2 oz ingefærøl

1 oz. Bacardi Select rom

appelsin skive til pynt

kanelstang til pynt

Hæld de første fire ingredienser i et vinglas. Flyd Bacardi Select rom på toppen. Pynt med en appelsinskive og en kanelstang.

COLADA ORANGE

2 oz Orange Rom Cruzana

1 15 oz dåse Coco Lopez ægte kokoscreme

4 oz. ananassaft

4 oz. Appelsinjuice

Blend med 4 kopper is.

ORIGINAL PIÑA COLADA

2 ounce Puerto Ricansk lys rom (eller for noget andet, prøv Captain Morgan Parrot Bay Coconut Rom)

1 oz. Coco Lopez ægte kokoscreme

1 oz. tung creme

6 ounces frisk ananasjuice

ananas skive til pynt

maraschino kirsebær til pynt

Blend i 15 sekunder med ½ kop knust is. Hæld i en 12 oz. glas Pynt med en ananasskive og et maraschino-kirsebær. Tilføj et rødt sugerør. Tip: For den bedste tropiske smag, brug altid frisk ananasjuice, aldrig på dåse eller blandet.

GULD OG SODA

2 oz Oronoco rom

at drikke

limebåd til pynt

Hæld Oronoco-rommen i et stenglas med is. Drys med natron og bland. Pynt med en limebåd.

GULD Cosmo

2 oz Oronoco rom

1 spiseskefuld. Store Marnier

1 spiseskefuld. blåbærjuice

1 spiseskefuld. Limesaft

et twist lime til pynt

Ryst over is og sigt over i et meget afkølet martiniglas. Pynt med limebåde.

www.ingramcontent.com/pod-product-compliance
Lightning Source LLC
Chambersburg PA
CBHW070412120526
44590CB00014B/1362